David BOUYOU

PARABOLES MODERNES

Volume 1

Les Éditions MLK
2 rue Tirard
94000 Créteil
E-Mail : editions@fondationmlk.fr

PARABOLES MODERNES

Auteur : David BOUYOU
Maquettiste : Isaac RIVERA
Visuels : David BOUYOU, Maxime LEBRUN,
Florimond MOCHEL, Isaac RIVERA, Jean SCHOTT.

Impression: “Présence Graphique”
2 rue de la pinsonnière 37260 MONTS

Dépôt légal : Décembre 2018

ISBN : 979-10-96757-08-4

Page Facebook : **www.facebook.com/paraboles.modernes**

David BOUYOU

PARABOLES MODERNES

Volume 1

Les éditions MLK.

Préface

Je suis passionné par l'art visuel. Il a depuis longtemps été utilisé pour communiquer et force est de constater que la communication visuelle est plus que jamais présente dans notre quotidien. Pas besoin de savoir lire ou même de parler la langue dans un pays étranger, il suffit d'un dessin, d'une image et nous pouvons être atteint par un message, par une émotion.

J'ai été touché par l'envie de David BOUYOU pour que cette forme de communication soit au service du meilleur message que l'on puisse donner et recevoir.
Je crois que ce livre communique La bonne nouvelle qui peut percuter et changer des vies.

Je ne peux que vous recommander de ne pas survoler le livre, mais prenez le temps. Arrêtez-vous sur chaque page et laissez-vous toucher par le message que le visuel vous communique.
Je crois qu'au milieu de ce livre il y a au moins une page qui peut vous toucher et vous permettre de vivre une grande bénédiction.

Isaac RIVERA

Avant-propos

Quand Jésus était sur terre, une grande partie de ses enseignements étaient sous forme de paraboles. " Il leur enseignait beaucoup de choses par des paraboles" (Marc 4 : 2)

Ses paraboles étaient des histoires racontées, par lesquelles chacun, quel qu'il soit, pouvaient découvrir les vérités essentielles à la foi.

Pour cela, Jésus utilisait des images, des symboles de la vie quotidienne, pour faire comprendre des réalités spirituelles, comme le royaume de Dieu, le salut ou l'amour du Père.

Je me suis demandé comment illustrer ces notions avec des images auxquelles les gens sont habitués de nos jours. Le fruit de cette réflexion se trouve dans les pages qui suivent.

En utilisant le langage des paraboles, Jésus suscitait la curiosité. J'espère que ces visuels sauront éveiller la vôtre, et plus encore...

David BOUYOU

CHAPITRE 1

Hasard ou création ?

Réfléchis aux
merveilles
de Dieu

Job 37:14

Ses perfections

invisibles

se voient comme à

l'oeil

Romains 1:20

Oeuvre d'un horloger
FESTINA

Oeuvre d'un ingénie

Oeuvre d'un architecte

Oeuvre du hasard...

L'étendue céleste

publie

l'oeuvre de tes

mains

Psaume 19:1

Mon Dieu,

Il donne

la vie

à tous

Actes 17:25

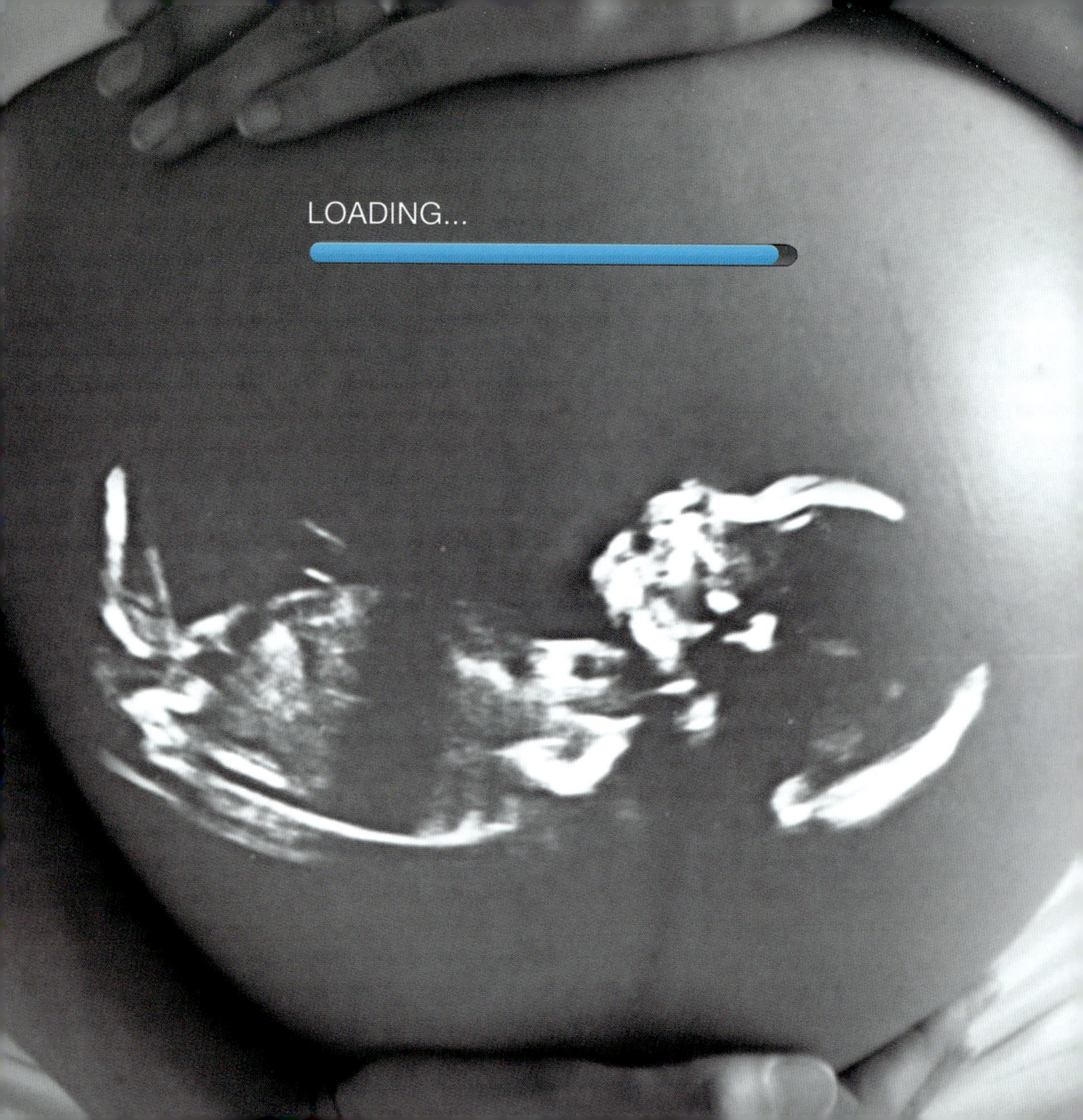
LOADING...

Tu m'as

tissé

dans le

ventre

de ma mère

Psaume 139:13

JE
SUIS

Une créature
merveilleuse

Psaume 139:14

ET
si ton
CRÉATEUR
avait
LA
CLÉ
DE TON
EXISTENCE

L'esprit de

Dieu

m'a créé, et le souffle du

Tout Puissant

m'anime

Job 33:4

CHAPITRE 2

Chute libre

ADD
ICT
ION

“ **Je suis venu**

libérer

les

captifs ”

(Jésus) Luc 4:19

PORN

Si le Fils vous

affranchit

vous serez réellement

libres

Jean 8:36

CE
N'EST
PAS LA
SOLUTION

“ Tu as du

prix

à mes

yeux ”

(Dieu) Esaïe 43:4

COMBATS

Arrêtez
et sachez que je suis
Dieu

Psaume 46:10

PÉCHÉ
GRÂCE

Là où le péché a

abondé

la grâce a

surabondé

Romains 5:20

CHAPITRE 3

Il était une fois Noël

France
8:30
Message reçu
100%
Bonjour à tous,
Je vous annonce une bonne nouvelle : Jésus est né cette nuit ! Le bébé et la maman se portent bien.
JOYEUX NOËL !!!
Joseph
Reçu à 00:05
Très bonne nouvelle !
à l'instant
Ecrire message

Une

nouvelle

qui sera le sujet d'une

grande joie

Luc 2:10

VS

Il vous est né un

Sauveur

qui est le

Christ

Luc 2:11

UN CADEAU,
POUR LE ROI !

Un fils nous est

donné

Esaïe 9:6

NOUS CROYONS

EN CHRIST NOTRE SAUVEUR

Il est le

Sauveur

du

monde

Jean 4:42

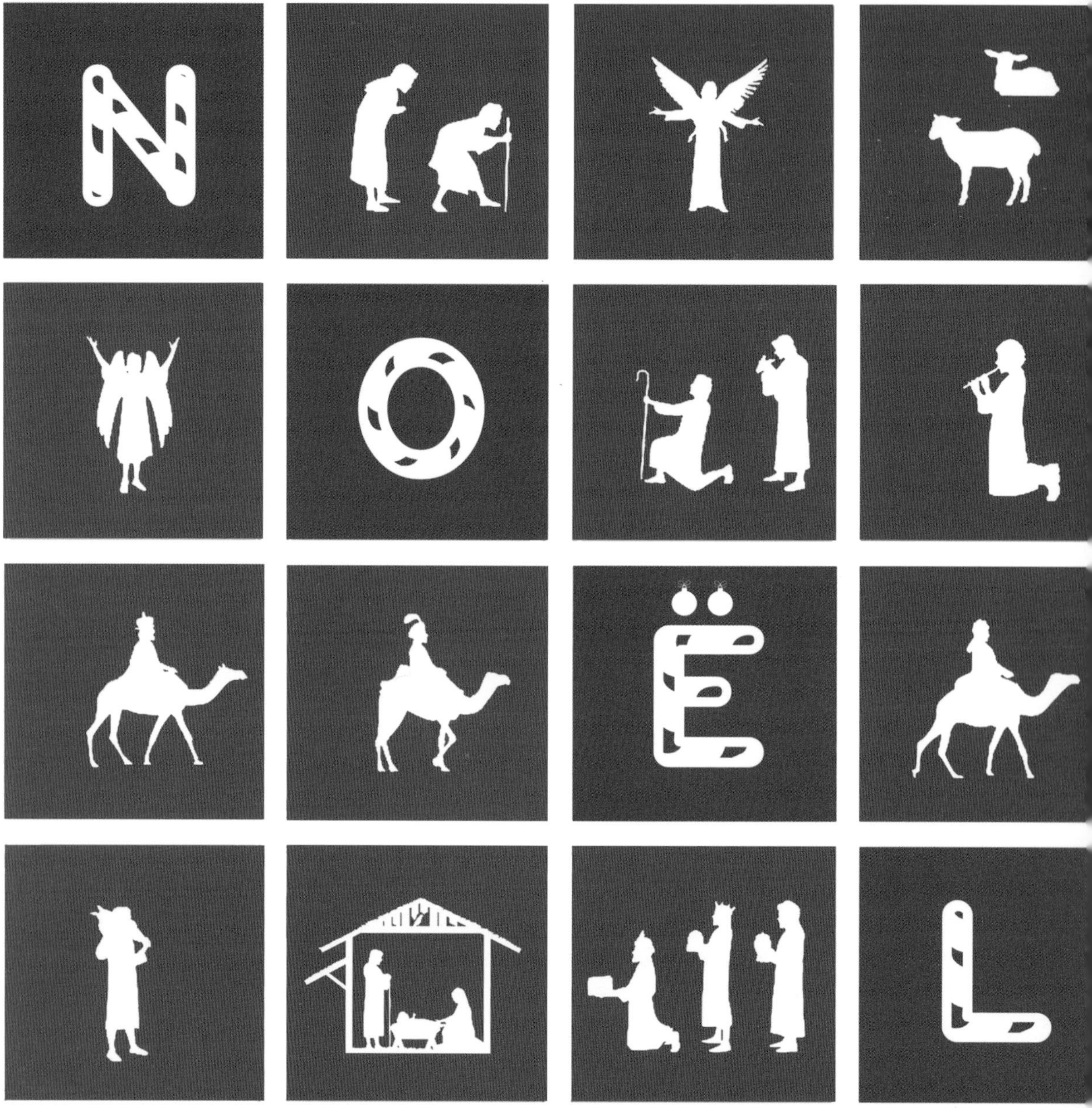
N
O
Ë
L

Paix sur la

terre

parmi les hommes qu'il

aime

Luc 2:14

CHAPITRE 4

Jésus

Emmanuel
Papa
JESUS
Papa
JESUS
PUISSANT
LOVE

Il n'y a de

salut

en aucun autre

Actes 4:12

JESUS ♥

YOU

Je t'aime d'un

amour

éternel

Jérémie 31:3

Jésus
Recherche

Si vous me

cherchez

je me laisserai

trouver

Jérémie 29:13-14

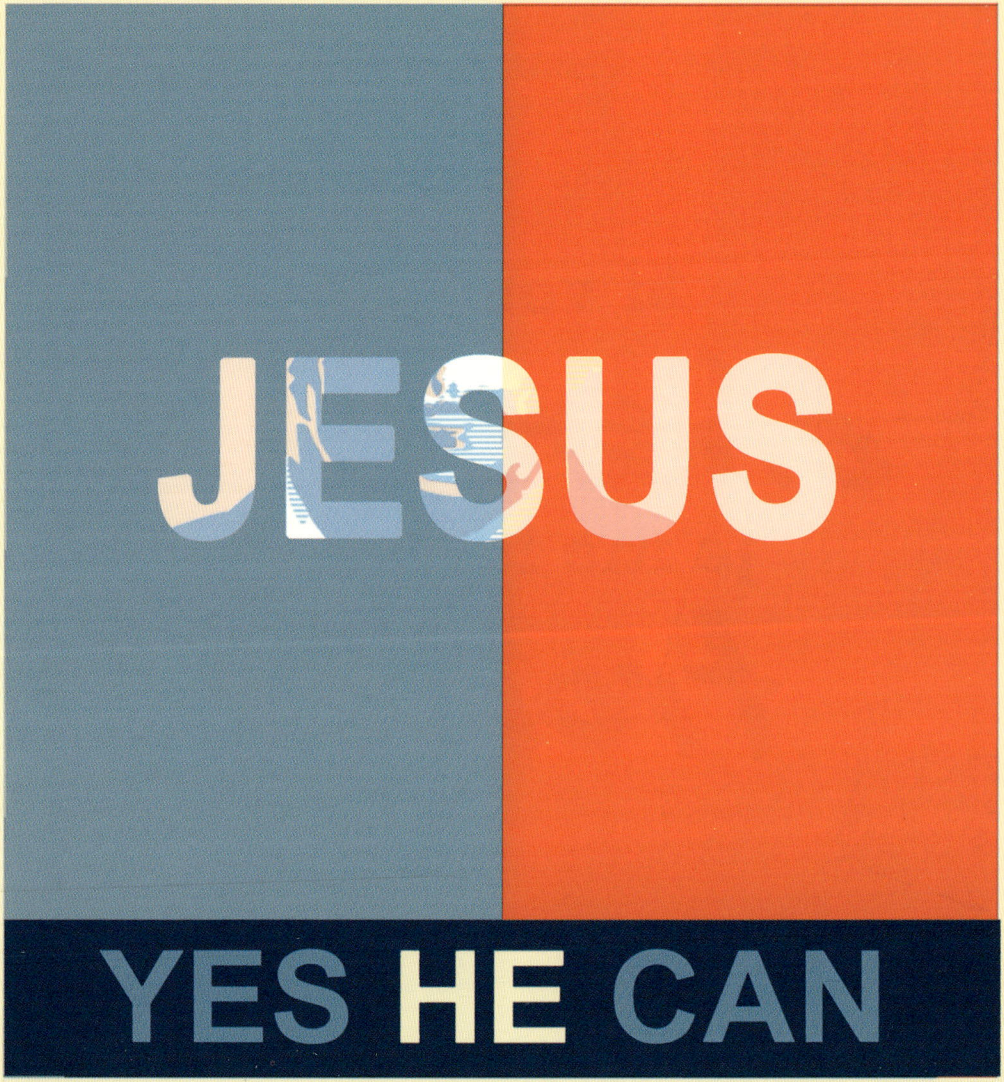
JESUS
YES HE CAN

J'ai reçu

tout

pouvoir

Matthieu 28:18

JESUS

mon essence

CIEL

En lui,

vous êtes

pleinement

comblés

Colossiens 2:10

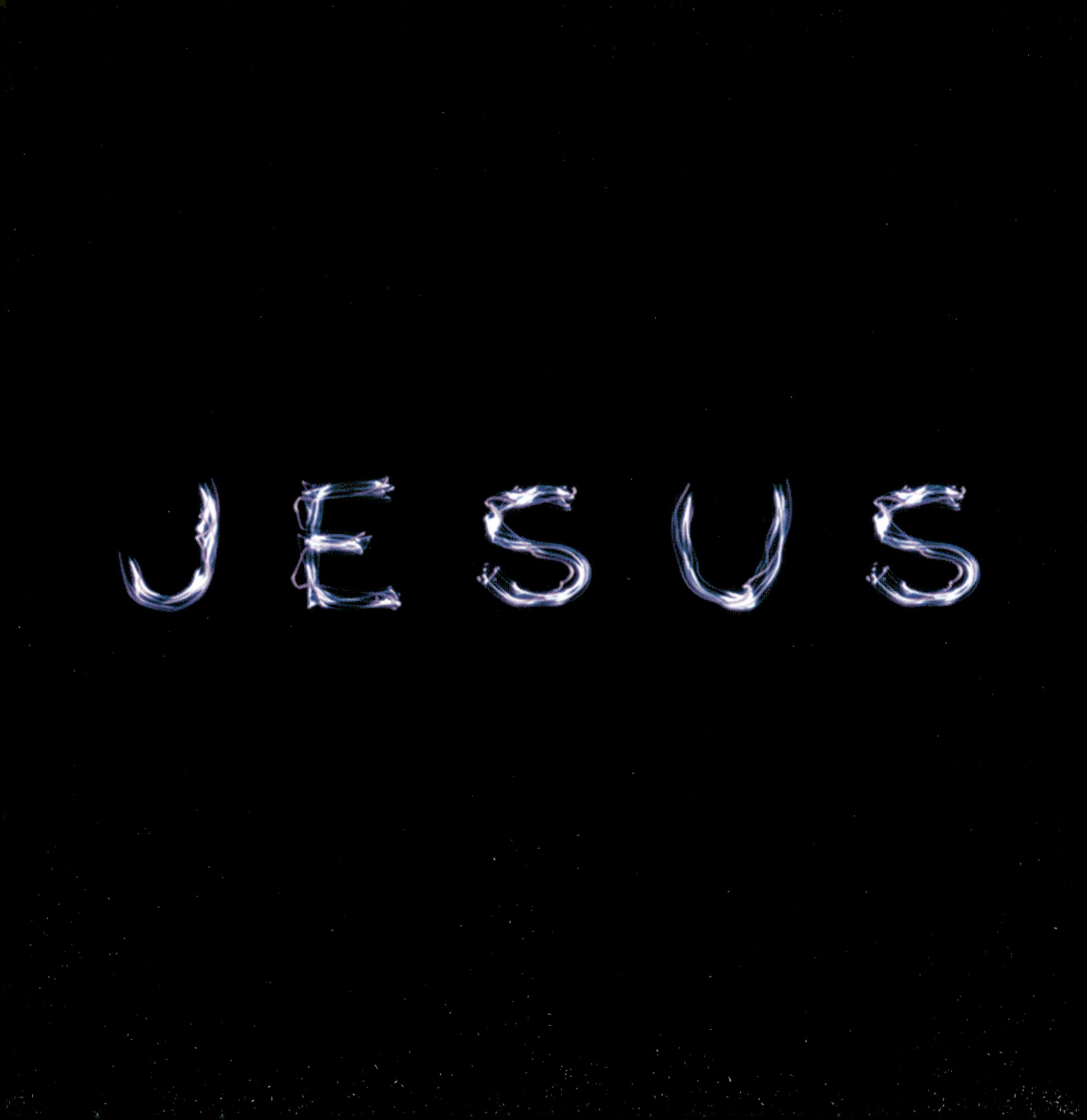
JESUS

“ **Celui qui me suit**

ne marchera

pas dans les

ténèbres ”

(Jésus) Jean 8:12

“ Venez à moi
vous tous
qui êtes
fatigués
et chargés ”

(Jésus) Matthieu 11:28

JESUS

Le nom

au-dessus

de tout nom

Philippiens 2:9

Remerciements

Tout d'abord Merci à mon Dieu, car c'est de lui que vient tout don et par lui que toutes choses sont possibles.

Merci aux deux amours de ma vie, ma femme Enora et ma fille Ambre. Votre soutien sans faille m'a porté.

Merci à mes parents, Emmanuel et Angélique Bouyou, sans qui je n'aurais pu faire cette école de graphisme. Ce livre est le fruit de votre investissement.

Merci à la famille, Ange, Maëva, Cédric, Marika, Luc, Sarah, Anne, Sébastien, Mélina, Timéo, Eliott, Soizic, Basile, Noa, Aby. Vous êtes une bénédiction !

Merci à mes amis qui m'ont toujours encouragé. David et Rachel Aubin, Daniel et Sandra Carvalho, Patrick et Nathalie Boudehent, Rubem et Sandrine Tomaz...et tellement d'autres.

Merci à Florimond Mochel, Jean Schott, Maxime Lebrun. Vos sensibilités artistiques sont une vraie valeur ajoutée.

Merci à Daniel Vieira, Ben et Mariella Lawson. Vous avez une part non négligeable dans cette réalisation.

Merci à Pierre-Olivier Michel pour tes précieux conseils ! ;)

Merci à Eloïse Auvray pour la connexion divine.

Merci à Erika Gannery et toute l'équipe des éditions MLK d'avoir cru à ce projet.

Merci à Isaac Rivera, pour l'immense travail de maquettiste. Tu as assuré !

Et Merci à tous ceux, qui d'une manière ou d'une autre ont contribué à ce que le rêve devienne réalité !